HOLY BIBLE WORD-FINDS

Volume 1

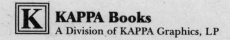

For more puzzle fun go to
www.kappapuzzles.com

K KAPPA Books
A Division of KAPPA Graphics, LP

1   Six Days of Creation

DARKNESS,

LIGHT,

WATERS,

FIRMAMENT,

HEAVEN,

LAND, earth,

SEAS,

GRASS,

FRUIT TREE,

SEEDS,

THE DAY,

LIVING

CREATURES,

CREEPING

THINGS,

BEASTS,

STARS,

WINGED

FOWL,

WHALES,

CATTLE,

and MAN IN

HIS IMAGE

TO HAVE

DOMINION

OVER

FISH

CREATED

AND ALL

and BLESSED

the EARTH.

BOTH male

SO, GOD

and FEMALE.

```
N B O T H S S D E E S H G P R B
O G Y X S R E T A W C X G O J R
I U S A I Z O V E R G F V O Z E
N O R W F G L D E T K N O X I A
I G T O H A V E E S H N I W O R
M E S K N A P Z G T R G E V L T
O D T D K I L R E G A M I S I H
D U A F N D T E N E D E E L S L
M M R G N H I F S E K R R X A L
S T S A E B E C R R U W S C F A
B V U D V M R L A T N G W S L D
B J A S A Y Y Z A T N I I Q D N
K Y B L E S S E D I T Y N O G A
F Q E S H A R X H U T L G A X M
Y Q I C U C S T G R E O E S M T
I T N E M A M R I F S P D Z S P
```

AARON	AGRIPPA
ABAGTHA	AHAB
ABDEEL	AHIRA
ABDON	ALEXANDER
ABEL	ALPHACUS
ABIATHAR	AMALEK
ABIDA	AMASA
ABIMELECH	AMMON
ABNER	AMOZ
ABRAHAM	AMRAM
ABRAM	ANDREW
ABSALOM	ANDRONICUS
ACHAN	ANGUS
ACHBOR	APOLLOS
ACHISH	AQUILA
ADAM	ARCHITE
ADDON	ARDON
AGEE	ARETAS

ARIEL

ARIOCH

ARISTOBULUS

ARMONI

ASNAPPER

ASOPH

ASSHUR

AUGUSTUS

AZAL

AZARIAH

AZEL

A	D	D	O	N	D	B	M	S	A	R	O	A	E	A	G
F	B	W	O	H	A	I	R	A	Z	A	F	H	R	B	R
Z	K	D	R	G	S	N	R	T	H	B	J	I	O	I	Z
A	B	D	E	E	L	O	D	E	A	A	S	R	B	M	O
A	L	E	X	A	N	D	E	R	P	T	R	A	H	E	M
N	S	P	Z	A	S	B	A	A	O	A	Q	B	C	L	A
D	A	A	H	B	P	H	A	B	L	N	D	K	A	E	R
R	R	S	M	A	T	P	U	E	L	B	I	A	S	C	M
E	E	S	S	A	C	L	I	L	O	A	B	C	M	H	A
W	P	N	I	H	U	U	E	R	S	A	M	T	U	A	D
N	P	B	O	S	U	T	S	U	G	U	A	A	Q	S	I
L	A	C	N	D	I	R	G	T	V	A	B	U	L	N	B
E	N	H	A	H	R	N	H	G	F	R	I	M	O	E	A
Z	S	H	C	E	A	A	B	S	A	L	O	M	R	X	K
A	A	R	Q	A	N	O	M	M	A	A	R	I	E	L	D
B	A	S	O	P	H	C	O	I	R	A	C	H	I	S	H

LET the

word of CHRIST

DWELL in

you RICHLY

IN ALL

WISDOM;

TEACHING and

ADMONISHING

one ANOTHER

in PSALMS

and HYMNS

and SPIRITUAL

SONGS,

SINGING

WITH

GRACE in

YOUR

HEARTS to

the LORD.

AND

WHATSOEVER ye

do in WORD

or DEED, do

ALL IN the

NAME of the   to GOD and

Lord JESUS,   the FATHER

GIVING   by HIM.

THANKS

```
Q E C A R G X X F R G U O S F H
X L R B M K N H B Z N O E Z H Z
O A D A Z M W I Y G U V D E E D
O G N I V I G L H G Y Y C V A M
H D I O T W H A T S O E V E R X
Q L L E T C A U N U I A B M T S
L V D P I H W T R L F N C N S U
Z L B R L E E I K W T J O A H G
C H E P O A C R N O E Z L M Y I
G A C W C W F I S S V M P E D F
S L Z H D G L P U M W G A M U A
O K I L R L R S O T X H J I H T
N N N L A I D D J H V T Y H U H
G P S A L M S D R O L I X M H E
S F Q N H I K T B K W W S H N R
K B T I W T R D K G N I G N I S
```

BATTLEGROUND	HISTORY
BEERSHEBA	ITUREA
BETHABARA	JERICHO
BETHLEHEM	JERUSALEM
CANA	JOPPA
CITY-states	JUDEA
CIVILIZATIONS	"LAND of Prophets"
CONQUERED	Mt. LEBANON
DECAPOLIS	LYDDA
EMMAUS	MEDEBA
EPHRAIM	MOUNTAINS
GALILEE	NAZARETH
GAZA	PEREA
Mt. GERIZIM	PHOENICIA
The GREAT Sea	Meeting PLACE
HILLS	Coastal PLAIN

PTOLEMAIS

SEA of Galilee

RIVER Jordan

TRACHONITIS

ROUTES

TYRE

The SALT Sea

ZAREPHATH

SAMARIA

```
M M I Z I R E G G Z P E R E A L
E C O N Q U E R E D T L A S R A
L I J U D E A B E D E M A E E N
A T E T N L E B A N O N V I E D
S Y R E P T O L E M A I S M N E
U B I O L S A X G H R E M U B P
R J C E U I P I Q J S A O E E H
E D H C R T L H N C U R T Z T R
J E O A A I E A O S G H E A H A
H C M L A N J S G E L T H E A I
I A G P B O A W L E N P A A B M
S P A K P H S T H Y E I E E A R
T O Z P I C T E E R D R C M R T
O L A L L A M R A P U D P I A G
R I L T B R Y Z H T E R A Z A N
Y S N O I T A Z I L I V I C T F
```

He THAT IS

TRUSTETH in

of a PROUD heart

his OWN

STIRRETH

HEART is a

up STRIFE:

FOOL; BUT

BUT HE

WHOSO

that PUTTETH

WALKETH

HIS TRUST

WISELY, he shall

in the LORD

be DELIVERED.

SHALL BE

HE THAT

MADE

GIVETH

FAT. He that

UNTO the

POOR   HIS EYES

shall NOT   shall HAVE

LACK: but he   MANY a

that HIDETH   CURSE.

```
H T E T T U P D Y N A M S B I W
I U N T O Y D L E T H A T I S Z
D B W J H U E B I L K D I C Y R
E L H Y O Q L H Y P I X R K C Z
T O R R L L H K T D Z V R L O P
H O P A A E E T R U S T E T H X
X F K H T M Y A E E B N T R D F
Z K S H L H E E H K F C H S E E
W T A L A O V F O I L I L M I D
H T E V I G R H F T S A R F S A
O C E V R H Y D M T K E W T N M
S T E V P E L B R W S C Y S S L
O Q H F F U E U D R T R A E H F
J T F P A W S Q U O W B K L S M
Z V V N O T I C W O G U C D F R
N A L I V R W N X P Y C O M A V
```

The FOUR

and TWENTY

ELDERS

FALL

DOWN

BEFORE

HIM that

SAT on

the THRONE,

and WORSHIP

Him THAT

LIVETH FOR

EVER and ever,

and CAST

THEIR

CROWNS before

the throne, SAYING,

"THOU ART

WORTHY,

O LORD,

to RECEIVE

GLORY and

HONOR and

POWER:

FOR THOU

HAST created

all THINGS,   ARE and

and FOR THY   WERE

PLEASURE   CREATED."

THEY

```
E E S R E E H A S T S R J F Z W
A R R L L A F W E S H D F S X K
W O E F P C E R U S A E L P Y T
V F D W I A S O O U O T I P B Z
G E L T H S H T Y F O L O R D C
N B E C S T B T H M H X J A G Q
K O W N R G N I Y A S T J R U U
K N K O O E Y N M R T H E O X M
M G F U W R A I Y R U O F V B I
H E S T O O H T H H T U W W I O
R I H L G N A T E H T A O O C L
P E G W L O M V I D C R O W N S
Y O N W I H E N F G T T O R A S
V Z W U N R G G U H N D A F R T
B K O E X S I S Y E V I E C E R
Q V D T R I P T T B D E V I K P
```

ACACIA	GREEN BAY
ALGUM	HAZEL
ALMOND	JUDAS tree
ALMUGWOOD	JUNIPER
ALOE	MULBERRY
APPLE	MYRTLE
ARBUTUS	OAK
CAROB	OLEASTER
CEDAR	OLIVE
CHESTNUT	ORANGE
CYPRESS	PALM
DATE	PEAR
EBONY	PINE
FIG	POMEGRANATE
FIR	POPLAR

SYCAMORE

Oil TREE

TAMARISK

TURPENTINE tree

TEIL

WALNUT

TEREBINTH

WORMWOOD

THYINE

A	C	V	P	E	A	R	Q	L	E	V	I	L	O	Q	B
E	X	C	E	A	D	I	G	L	D	S	C	O	E	R	O
F	R	E	E	N	R	R	C	R	M	Y	R	T	L	E	R
O	R	O	O	D	E	B	H	A	P	L	C	P	D	P	A
T	R	M	M	E	A	H	U	R	C	E	T	A	O	I	C
E	L	A	N	A	A	R	E	T	S	A	E	L	O	N	O
A	T	B	N	Z	C	S	I	A	U	O	R	M	W	U	Q
K	A	A	E	G	S	Y	D	K	L	S	E	Y	M	J	P
Y	L	L	N	W	E	U	S	A	C	O	B	R	R	E	O
S	W	E	M	A	J	I	G	D	Z	L	I	R	O	B	P
K	A	O	T	U	R	P	E	N	T	I	N	E	W	O	E
E	L	P	P	A	G	G	U	N	C	E	T	B	P	N	R
O	N	P	M	J	D	W	E	F	I	T	H	L	G	Y	G
B	U	A	L	G	U	M	O	M	I	P	A	U	T	I	D
K	T	H	Y	I	N	E	Q	O	O	R	E	M	J	M	F
E	T	U	N	T	S	E	H	C	D	P	F	M	P	Q	U

AARON (brother)

AMRAM (father)

BEZALEL

BOLDNESS

COURAGE

CURED

EGYPT

EXODUS

FAITH

FAST-thinking

FIRM resolve

GOD'S calling

HUR (husband)

INTELLIGENT

JOCHEBED

(mother)

KADESH

LEVITE

MOSES (brother)

POET

PROPHETESS

RIGHTEOUSNESS

SACRED family   **WILDERNESS**

SONGS   **WRATH of God**

TAMBOURINE   **Lived 86 YEARS**

```
S Q J P V Y Q L P F L T B A L O
I D I F E N K O O R V E C S N T
F K T A U P S C E U C S V L X P
S E R G J W R A T H O F I I A Y
L S S H G Y I O C T Z S S P T G
H E E G T S A F P C I A S S B E
F M L N N U R C D H C S E E O N
A W M A S O O K Z R E S W Z L I
S M G M Z U S A E N O T T N D R
Q Z R O R E O D R M K L E H N U
Z I P A D E B E H C O J M S E O
F D G T M S D S T E X O D U S B
N E W L R L J H O H T I A F S M
Y R T T I U E O Y R G N O R A A
H U C W Z I N T E L L I G E N T
Z C R K T R U N J F B K R W N C
```

ABUV

BELLS

BONE whistle

CLAPPERS

CORNET

CYMBALS

DRUMS

DULCIMER

FLUTE

GONG

HARP

HATSOTSRA

HAZOZEROT

HORNS

KHALIL

KINOR

LYRE

MENAANIAM

MISHNA

NEREL

PAAMONIM

PIPES

PSALTERY

RATTLES

SACKBUT

SHOFAR

SHRIKA

SISTRA

SISTRUM

TAMBOURINE

TIMBREL

TRIANGLE

TUPPIN

TZILTZILIM

UGAV

VIOL

ZITHER

```
W S E M A I N A A N E M J U N L
N I P P U T H N N R N M J S D I
V T C P R A H A Y E I B D A T L
R A F O H S A L T L R R M C O A
A G B U I Z S I I S U E P K R H
K G N M M I F Z R M O X L B E K
I C R O S N T E S E B T Q U Z I
R R Y T G L N M Z U M I S T O N
H X R M I O I H U I A I R R Z O
S U E Z B N W O K G T I C C A R
M E T E O A X R X T A H D L H N
A X L M R V L N N N E V E R U C
G L A T B U L S G Y N N Z R T D
S A S A T B C L A P P E R S L W
P I P E S A E T U L F V I O L K
S H G T L E R B M I T Z H K C G
```

ABANA	HIDDEKEL
ARNON	INDUS
AUJA	JABBOK
BESOR	JORDAN
CHALONAS	KANAK
CHEBAR	KIDROW
CHERITH	KISHON
DOROK	LESSER Jab
EUPHRATES	LITANI
GERAR	NILE
GIHON	PHARPAR

PISHON   YARMUK

SOREK   ZARQA

TIGRIS   ZERED

ULAI

```
I N A T I L U X A R G K O J C U
S O Z Z V R M S A D W N A F R Z
C H E B A R A E K T A R I N T Y
W S O N O N F P L D E R E Z A H
X I Z S O C H E R I T H Q A A K
Z K E L B V S O T A N R P Q I F
I B A R K S J O N O H I G M Q U
H H T A E I U Y R X N P O J Y V
C I W R I R D A O E K O L D T A
E D O E N G T R O K K T N Y A T
S D P G D I M O D G A D R B J
K E A I U T D U H W Z A R Q A A
E K V W S O H K O G U C N B N F
S E T A R H P U E J L B B E A B
V L L O O K O I A L U O L A B L
T Z K P V Y V N G O K Y I H E I
```

NOW the

GOD of

PATIENCE and

CONSOLATION

GRANT

YOU to be

LIKEMINDED

one TOWARD

ANOTHER

ACCORDING to

CHRIST Jesus:

THAT ye

MAY

WITH

ONE MIND

AND one

MOUTH

GLORIFY

God, EVEN

the FATHER

of OUR

LORD

JESUS Christ.

WHEREFORE

RECEIVE YE one

another, as Christ

ALSO

RECEIVED us

TO THE

GLORY of God.

```
Z  W  Y  W  L  Y  N  A  U  L  J  E  I  O  Y  O
R  H  V  P  M  P  R  U  B  N  L  P  V  I  D  L
R  E  H  T  O  N  A  O  B  W  O  C  D  E  R  H
C  R  O  S  U  S  E  J  L  G  P  W  J  R  N  N
R  E  E  N  T  K  D  A  L  G  E  I  Y  N  R  A
C  F  T  C  H  X  E  O  N  D  G  T  C  J  E  L
T  O  T  H  E  L  R  I  G  E  N  H  N  Y  H  Y
Q  R  N  D  T  I  D  M  C  V  R  I  R  O  T  A
U  E  V  S  F  R  V  O  Z  I  G  Q  M  W  A  D
Z  D  A  Y  O  B  Q  E  S  E  K  K  H  E  F  T
H  T  R  C  T  L  Q  T  Y  C  D  I  H  M  N  L
I  E  C  A  Z  B  A  E  O  E  D  N  A  A  R  O
T  A  H  I  W  T  F  T  U  R  S  Y  R  V  U  R
I  T  A  L  S  O  E  Y  I  B  G  G  W  R  N  D
O  E  C  N  E  I  T  A  P  O  I  H  I  V  M  Z
M  M  S  E  L  I  K  E  M  I  N  D  E  D  P  F
```

ALMOND	CABBAGE
AMARANTH	CARROT
ANTELOPE	CASHEW
APPLE	CAULIFLOWER
APRICOT	CELERY
ARTICHOKE	CHEESE
BAMBOO SHOOT	CHERRY
BANANA	CHESTNUT
BARLEY	CHICKEN
BEANS	CHICORY
BEET	CINNAMON
BLUEBERRY	COCONUT
BOYSENBERRY	COLLARD GREENS
BREAD	CORN
BROCCOLI	CRANBERRY

CRICKET

CUCUMBER

CURDS

CURRANT

DATE

DEER

DILL

EGGPLANT

ENDIVE

```
R E B M U C U C A B B A G E B Y
R C C O L Y E K O H C I T R A R
Y U R I Y E R B Z B E A N S M O
D R C I V S E R R D T A T S B C
A R R I C L E O E J I U U E O I
T A D E P K C N N B N L E L O H
E N O P H C E J B O N T L A S C
E T A O O C W T C E M A N Y H O
C A U L I F L O W E R A R T O R
H L I E P F C E Q D N R N C O N
E M S T E G H R G A E A Y N T E
S O D N O S G R B B B R D L M I K
T N R A A R E E E A E S E E H C
N D U C E E R U M B A R L E Y I
U K C V N R L A P R I C O T R H
T T K S J B B E C E L E R Y G C
```

FIG	KALE
FILBERT	KOHLRABI
FISH	KUMQUAT
FLAX	LAMB
GARLIC	LEEK
GAZELLE	LEGUMES
GOAT	LEMON
GRAPE JUICE	LENTILS
GRAPES	LETTUCE
GRASSHOPPER	LIME
GUAVA	LOCUSTS
HONEY	MANGO
IBEX	MANNA
JERUSALEM	MELONS
artichoke	MILK

MILLET   OATS

MINT   OKRA

MUSTARD   OLIVES

NECTARINE   ONIONS

NUTMEG   ORANGE

```
P C D B B Y E W I B E X M L M H
S Y Z Y X E C M B E L A K A I B
E J K M G N M I Q S L M H N L F
V E E N X O E L L N E O O N L I
I B A R L H O K E R Z M F A E D
L R M E U C E C C P A I U M T Y
O E M A U S T C I L G G L G R S
M O E S L A A K U M Q U A T E A
N A T K R V P L J T W L N H B L
B S N I V O S E E I T I O S L R
M C N G B N H A P M M E L I I T
R E P P O H S S A R G I L F F G
O T L I H X D D R A T S U M T A
C A N O A V A U G N S E P A R G
L O K L N A L G E M T U N K J Z
O G F M T S V L I M E D O J G E
```

PAPAYA	QUAIL
PARSNIP	QUINCE
PARTRIDGE	RADISH
PEACH	RAISINS
PEANUT	RASPBERRY
PEAS	RICE
PECAN	RUTABAGA
PERSIMMON	RYE
PINEAPPLE	SALT
PINE NUTS	SESAME seeds
PLUM	SPELT
POMEGRANATE	SPINACH
POTATO	SQUASH
PRUNE	SUNFLOWER seeds
PUMPKIN	SWEET CANE

TAMARIND

TANGERINE

TOMATO

TURNIP

VINEGAR

WALNUT

WATERCRESS

WHEAT

WINE

YAM

```
P A R S N I P R U N E M A S E S
E D W U T P O T A T O T L E P S
N N A N A U A G A B A T U R F O
I I L F E P N N O M M I S R E P
W R N L H Z A E S P K O S M P U
Y A U O W R P R N S A W Q Z E M
R M T W G I N O T I N P U N C P
R A A E N H Q Q P R P I A X A K
E T M R R U C I U O I C S Y N I
B O U I I C N A V C T D H I A N
P T A N G E R I N E P A G M A Y
S O C V A A N E E I Q E M E M R
A E Z P D E Y W S T P U A O I D
R S P I G R S I A S L S A C T F
E L S A T U N A E P Y A E I H B
E H R B A I D J P O O E S A L L
```

The KING

shall JOY

in THY

STRENGTH,

O LORD;

AND IN Thy

SALVATION

HOW greatly

SHALL he

REJOICE!

THOU hast

GIVEN

HIM HIS

HEART'S

DESIRE,

and HAST

not WITHHOLDEN

the REQUEST

of his LIPS.

SELAH.

FOR thou

PREVENTEST

HIM WITH

the BLESSINGS

of GOODNESS;

thou SETTEST

a CROWN

of PURE

GOLD on

his HEAD.

He ASKED

LIFE of

THEE, and

thou GAVEST

it HIM, EVEN

LENGTH

of DAYS for

EVER AND ever.

T	S	E	T	T	E	S	G	Z	E	E	H	T	A	Q	S
A	S	U	E	S	G	A	R	X	V	E	T	H	I	X	N
L	E	Z	N	E	V	E	M	I	H	D	G	H	X	G	W
P	L	B	L	E	S	S	I	N	G	S	N	W	O	R	C
P	A	A	S	I	D	A	S	S	D	K	E	L	O	U	T
E	H	T	H	L	W	L	G	T	T	F	L	I	X	H	M
F	H	M	O	S	F	V	O	O	R	R	A	P	T	L	V
Y	I	G	Y	T	S	A	H	H	M	A	E	S	R	I	P
H	E	A	Y	O	J	T	R	G	H	H	E	N	K	F	M
F	D	C	L	K	S	I	O	E	S	T	A	H	G	E	T
F	L	O	I	E	Y	O	F	V	N	I	I	B	N	T	D
C	R	N	U	O	D	N	Q	E	C	W	N	W	I	J	H
D	G	Q	P	N	J	I	V	R	Y	M	H	R	D	B	X
L	E	T	E	U	M	E	B	A	G	I	V	E	N	X	T
R	F	S	P	F	R	I	R	N	K	H	S	B	A	H	F
L	S	S	Y	P	P	E	I	D	E	S	I	R	E	D	X

ANTIOCH

ASIA Minor

ATHENS

BAPTIZED

BARNABAS

BORN Saul

CAESAREA

CHRISTIANITY

CILICIA

CONVERSIONS

CORINTH

CYPRUS

DAMASCUS

EPHESUS

EVANGELIST

GAMALIEL

Escaped HARM

IMPRISONED

JERUSALEM

JESUS

JOURNEYS

LETTERS

MIRACLES

MISSIONARY

OPPOSITION

PHARISEE

PREACHER   TENTMAKER

ROME   TIMOTHY

SAINT   VISION

SHIPWRECKED   WARNED

SIGHT restored

```
Z K Q E M A Y Q P H A R I S E E
V B N R O B A R S R E T T E L D
B I A T E N T M A K E R H S V E
S H S P T H G I S N C A A E T N
C N O I T I S O P P O I C S N O
E H O A O I L N A M N I I H J S
P C R C R N Z E S T V L S E E I
H S H I P W R E C K E D R S M R
E U G H S A J Y D G R U D U I P
S R A C S T H O N T S P E C R M
U P M E I T I A U A I R N S A I
S Y A J O L V A L R O F R A C Y
U C L M A E I E N M N I A M L M
S G I M I A M C E I S E W A E U
E T E L S C O R I N T H Y D S B
J C L S A B A N R A B Y L S E B
```

From SUCCOTH

to ETHAM

to MIGDOL

to MARAH

to ELIM

to the RED SEA

to DOPHKAH

to ALUSH

to REPHIDIM

to SINAI

to HAZEROTH

to RITHMAN

to LIBNAH

to RISSAH

to KEHELATHAH

to SHAPHER

to HARADAH

to MAKHELOTH

to TAHATH

to TARAH

to MITHCAH

to HASHMONAH

to MOSEROTH

to BENEJAAKAN

to JOTBATHAH

to EBRONAH

to KADESH

to NEBO

to PUNON

to MOAB

to OBOTH

to JORDAN.

to DIBONGAD

T	N	L	I	B	N	A	H	L	Q	P	G	C	H	D	R
W	E	T	H	A	M	C	M	T	U	A	U	A	H	I	I
U	B	P	N	Z	N	J	N	I	A	V	K	N	T	B	S
A	O	K	Q	O	X	I	O	H	G	H	M	J	O	O	S
O	O	H	A	R	A	M	S	T	P	D	A	F	C	N	A
H	T	O	R	E	S	O	M	O	B	P	O	T	C	G	H
H	A	C	H	T	I	M	D	L	R	A	V	L	U	A	W
N	A	K	A	A	J	E	N	E	B	T	T	R	S	D	N
A	L	H	A	Q	B	Z	P	H	S	E	B	H	S	I	A
D	U	D	T	R	H	H	O	K	T	A	M	T	A	E	M
R	S	Y	O	A	I	A	M	A	O	O	O	I	S	H	H
O	H	N	E	D	L	B	R	M	N	B	R	D	L	A	T
J	A	V	I	K	S	E	V	A	O	R	E	E	R	E	I
H	V	M	V	J	L	Q	H	T	D	R	P	A	Z	Y	R
N	H	C	S	H	A	P	H	E	R	A	T	L	F	A	W
N	S	B	N	H	S	E	D	A	K	G	H	W	W	R	H

LET THE

HEAVENS

be GLAD,

AND LET

the EARTH

REJOICE: And

LET MEN

say AMONG

the NATIONS,

The LORD

REIGNETH. Let

THE SEA

ROAR,

AND THE

FULLNESS

THEREOF: Let

the FIELDS

rejoice, AND ALL

THAT is

THEREIN.

THEN

SHALL the

TREES of

the WOOD

SING

OUT at

the PRESENCE

OF THE Lord,

BECAUSE

he COMETH

to JUDGE the

Earth. O GIVE

THANKS

UNTO the

Lord; FOR

He is GOOD,

for His MERCY

ENDURETH

for EVER.

```
T I M G F B S I T H A N K S L E
D T B E C A U S E T E L D N A V
R S G X R I H L E E V I G O Y Y
O E V I F C M E C N E S E R P J
L F V G J T Y D T G L H H D D K
S S N E V A E H R I T L S R O G
A E T H E N E Y G E O S U D Y V
N P E H L R I N R R J N R F S Q
D I C R E H I U J U D O O G A L
T S E O T S D H D R A I I N H R
H D F R M N E G L E F T D C S A
E L A R E E E A H L L A H S E O
H E M L N H T T J T L N R J W R
T I O O G H T H X L R F N O A H
F F N U A E J B Z U N T O B K D
O B G T L Z J E U U J D J R Y L
```

19 What Were They Wearing?

BELT

BREASTPLATE

BREECHES

CAP

CLOAK

COTTON

DYED

FRINGE

GIRDLE

HAND-SEWN

HEAD scarf

INNER tunic

JEWELRY

KETONET

LEATHER

LINEN

LOINCLOTH

MANTLE

NEEDLEWORK

ORNAMENTS

OUTER tunic

ROBE

SACKCLOTH

SANDALS

SEALSKIN

SHIELD

SILK TURBAN

SKIRT VEIL

TASSELS WOOL

TUNIC coat WOVEN

```
T B T B M D T V Y B Y K N X D A
N U K U B L L P S J K U O C Y K
M A N T L E E R O B E U B Z E N
H A Y I C I B A C O T T O N D E
S M C R H Y K T E O R M A G N
E H L H L S U F R H N R E N N I
A T T T D E G Q B A E H I N E L
L D A O A P W I M X T R W V I T
S X A L L A L E R Y F E S E A U
K T R C P C N I J D S I V S Y R
I W R N L T K Q G D L F S T C B
N N O I S O S C N K N E V O W A
M W H O K R A A A F L H F I C N
K Z D L L S H K E S L A D N A S
T N E E D L E W O R K M R L Q R
X M S S E H C E E R B F E K Y P
```

ABIJAM	GOG
ABIMELECH	HADAD-EZER
ADONI-ZEDEK	HIRAM
AMAZIAH	HOHAM
ARETAS	HUSHAM
ARIOCH	JABIN
Og, king of BASHAN	JEHOAHAZ
BELA	JEHOIACHIN
BEN-HADAD	JEHU
BIRSHA	JOBAB
CHEDORLAOMER	MESHA
CYRUS	NAHASH
DEBIR	PEKAHIAH
EGLON	REBA
ELAH	REHOBOAM
ESARHADDON	REZIN

SAMLAH

SHINAB

SARGON

SOLOMON

SENNACHERIB

TIDAL

SHALMANESER

TIRHAKAH

SHEMEBER

ZECHARIAH

```
J A B I N N R I P F L L K Q E P
U M R H H E O E S A T E R A K L
J A S I Z A K D D A D A H N E B
E Z E I O A D I D E B A S H A N
H I N T H C T A Z A B C A F O A
U A N I S X H I D S H I R G H H
S H A L M A N E S E R R R A C A
H H C G T O N S D A Z A A H E S
A Z H N D I H O H M S E A S L H
M A E A O I R C M E A L R R E I
E H R M N L E H L O M J H I M R
S A I A A Z G A A A L E I B I A
H O B O J H H E S K K O B B B M
A H M A O B O H E R A O S E A G
J E H O I A C H I N D H R I R O
R J O B A B E L A S U R Y C X G
```

ABRAHAM and

SARAH;

ADAM and

EVE;

AHASUERUS and

ESTHER;

AMRAM and

JOCHEBED;

ANANIAS and

SAPPHIRA;

AQUILA and

PRISCILLA;

BOAZ and

RUTH;

DAVID and

BATHSHEBA;

ELIMELECH and

NAOMI;

ELKANAH and

HANNAH;

HAMAN and

ZERESH;

ISAAC and

REBEKAH;

JACOB and

RACHEL;

JOSEPH and

MARY;

JUDAH and

TAMAR;

MOSES and

SHECHEM and

ZIPPORAH;

DINAH;

SAMSON and

ZECHARIAS and

DELILAH;

ELIZABETH.

```
H A D U J B S P R N E A Y W F E
M O S E S A A I W D A R R H A L
X L P M Q A I T I A U O A A I K
D I A U J V R N H T J E M L S A
I M I S J K A A H S H O X I A N
V L N J U H H X H E H I S L A A
A Z A O B R C E L I M E L E C H
D E R C S T E I V A R Q B D P E
Z H Q H P M Z U H E N O G A S H
F A E E A A A A S A C P R T R R
Y N D B B R R S M A K I H S U A
P N U E I B O A J S H E C H E M
L A T D A D H P M P R A B S A A
C H S E R E Z E P R A C H E L T
T S A I N A N A Q I A F D D R U
D A L L I C S I R P Z M A D A W
```

I HAVE

BLOTTED

OUT, AS a

THICK cloud,

thy TRANS-

   GRESSIONS,

AND, as

a CLOUD,

thy SINS:

RETURN

UNTO me;

FOR I have

REDEEMED

THEE.

SING, O ye

HEAVENS;

FOR THE

LORD

hath DONE

it: SHOUT,

ye LOWER

PARTS of

the EARTH:

BREAK forth

INTO singing,

ye MOUNTAINS,

O FOREST,

and EVERY

TREE

THEREIN: For

the Lord HATH

redeemed JACOB,

and GLORIFIED

HIMSELF

in ISRAEL.

```
S E L O P X L L W Q Z P F A T M
L E A R S I E K W D A L J W T J
D V M N E V T H E R E I N R R T
X E F D R E E R T S D T A V E P
X R Y E F U T S M O I N T I W U
Y Y N M O N T I N L S N H O O G
T H E E R P H E J G Z A S T L U
G D S E T C T T R H V C Y N I B
J L R D H S A E R E A V L I S L
S K O E E U S N I A T N U O M O
A C P R Y S B Z D V E H G A U R
T H O F I O Q Y K E C D I M Z D
U F T O C F A O G N I S F C O U
O M N A H G I Q K S H O U T K H
E S J L H B R E A K R P N H U X
K M R G S N W A D I Q U K K Y L
```

ALL THY

WORKS

SHALL

PRAISE

THEE,

O LORD;

AND THY

SAINTS

shall BLESS

thee. THEY

shall SPEAK

OF THE

GLORY of

THY KINGDOM,

and TALK of

Thy POWER;

TO MAKE

KNOWN

TO THE

SONS

of MEN

His MIGHTY

ACTS,

AND THE

GLORIOUS

MAJESTY of

HIS KINGDOM. The   RAISETH up

Lord UPHOLDETH   that be BOWED

all THAT   DOWN.

FALL, and

```
Y L R J P O W O Y N C D R Y R J
T P O N S M Y P O A W R N C I U
H G C W Y H O T N F I O Y E H T
G B V O T H A D A U V L N T J J
I J O D U C T L G H U O E K T N
M T N W T H L L N T S Y H Z J
M A J S E S S E L B I G Y S N L
E L J R R D Y J Q A O K K U B R
T K G E H T O T R K I R S O U E
X X O G S P E A K N O H A I F Z
Y M F Y E T U F G W M Q I R H L
I B T G R S Y D G A N S N O R Q
E Y H U P H O L D E T H T L E D
C E E K A M O T M S O N S G W N
P P H L J R M X V J D F N D O U
R H K T Y G L K X E S I A R P O
```

An ANGEL

of the LORD

APPEARED

in the FLAME

of a BURNING

BUSH.

God SPOKE

to MOSES

FROM IT.

He PROMISED

to DELIVER

THEM

from the

EGYPTIANS.

Moses TOLD

the CHILDREN

of ISRAEL

THAT

God SAID

THEY

WOULD

BE LED

to a LAND

of MILK

and HONEY.

Moses was

BELIEVED.

to GIVE

He and AARON

God's DEMAND:

MET WITH

LET MY

PHARAOH

PEOPLE GO.

```
G B V L D T P U P W F B N S G H
B P A B U S H L D B J O M N U X
A N N G Y Z A A E E R B I R D D
D D G I E W R D T A L N L P P M
X G E Q H Q A E A C R E K A E Q
R F L L T L O S H U I S B A K E
M E T W I T H I B P G O I K O M
M X M B R V L M D E R A E P P A
D N A M E D E O H O L D I A S L
P J G I R N Q R D P K I G E T F
H O N E Y M S P U L S P E I O M
P S N A I T P Y G E U X M V V M
Y M T E L N Z W S G V O L U E E
L B V O M Q W O P O R O W H B D
P H V X L K M A J F R J T L A D
V T G C H D R W Q D A Q K T P N
```

MAACHAH	MATTHAIS
MAASEIAH	MATTHEW
MAATH	MEDAN
MACHIR	MELEA
MADAI	MELECH
MAGOG	MERARI
MAHATH	MESHACH
MAHLON	METHUSELAH
MALACHI	MEZAHAB
MALCOLM	MICAH
MANASSEH	MICHAEL
MANOAH	MICHAIAH
MARCUS	MICHRI
MARK	MIKLOTH
MASH	MILAIAI
MASSA	MINASON
MATTAN	MISHAEL

MISHAM

MITHREDATH

MIZPAR

MIZZAH

MOAB

MORDECAI

MOREH

MOSES

MOZA

MUSHI

```
E H T A H A M A A C H A H S S N
B A O M H T J O L Z M M F S N U
V Z C A M J O E R E O M U Z O V
L Z A T E E H L L D A M I S L W
E I S T R T T E K L E H R C H O
A M S H A I A H C I M C S T A I
H I A A R H I O U A M N A I M H
C Z M I I A L N A S D D M I M G
I P G S I M O S K M E Z A H A B
M A N A S S E H O R G L D W L H
G R L E A I C S H M A L A E A E
G I S N A E U T H A I M I H C R
M O I H L C I W C A O S R T H O
M M G E R M E D A N C N H T I M
J P M A T T A N M A S H A A T R
V F M G M A C H I R H C I M M J
```

AARON	HEBRON
ABIASAPH	ITHAMAR
ABIHU	IZHAR
AMRAM	KOHATH
ASSIR	KORAH
ELEAZAR	LEVI
ELIEZER	LIBNI
ELKANAH	MAHALI
ELZAPHAN	MERARI
GERSHOM	MISHAEL
GERSHON	MOSES

MUSHI   SHIMI

NADAB   UZZIEL

NEPHEG   ZICHRI

PHINEHAS   ZITHRI

```
N G G I A F K N O R B E H T I C
M W E M V A E O H X P U F Y E U
N U R H B E Y S H I M I S L T B
O A S I P R L M U A H M E W H N
M B H H L E A A F P T I S N R O
I U O P I H N N A V Z H O A A A
D Z N H A J Z S T Z I E M K Z Z
B T M L U Z A A U Z C A N K A B
W A I N B I L H Z I H C O K E Z
E P D Q B Y A E R T R D R N L G
E L K A N A H N I H I J A N E A
V U I O N O H I B R M R A R T S
T L Z E R U R H T I R I S S A B
G N H M Z A D P L E A H S I M O
G Y A B Z E H V Y F O M N M Y M
C B R I R A R E M M I B M X L I
```

And THERE

is NONE

that CALLETH

UPON

THY

NAME, that

STIRRETH

UP HIMSELF

to TAKE

HOLD of

THEE;

FOR thou

HAST

HID Thy

FACE from

US, AND

hast CONSUMED

US, BECAUSE

OF OUR

INIQUITIES.

BUT

NOW,

O LORD,

Thou ART

OUR FATHER;

POTTER; and

WE ARE

WE ALL are

the CLAY, and

the WORK

THOU our

of Thy HAND.

```
L Y I Y G T H G F D P Z K T K J
V E W C Y E O M T P I N Y R R U
X E R L F H H H R A O H C T O X
H B V A F T E C Q P K T H Y F W
C M H Y E E K X U E G E T L O X
D L O L R W Z T H U M R W E U K
T O L O R D F Y S D A R U G R X
F A D J N R L B F B O I T M E V
C O N S U M E D N A H T U W C V
Y O H B I C S H X L H S M A A I
W X B A A J M G T L N O N E F C
L L G U S Q I D N A S U O F E U
R T S T T T H A M E F T K R N T
P E U O H T P E Y W U R E R E M
U S E I T I U Q I N I H U C O L
U W L S R J N U L C T O L O M D
```

If INIQUITY

be in THINE

HAND,

PUT it

FAR

AWAY,

and LET

NOT

WICKEDNESS

DWELL

in THY

TABERNACLES.

For THEN

SHALT THOU

LIFT up

thy FACE

WITHOUT

SPOT;

YEA thou

SHALT BE

STEADFAST

AND SHALT

not FEAR:

BECAUSE thou

shalt FORGET

thy MISERY,

and REMEMBER

IT AS

WATERS

THAT

PASS away.

```
E S U A C E B H C X X U T M N B
U E S Z H Z L R H Y Y R Z A Y L
L L U E O T E B L T G M R R S Q
Z C Y I N M P I J I H W U P N D
S A C R E D Y X M U F I O T K S
Y N B M E S E P F Q V T N K D U
B R B L A S X K A I Z H A E O U
N E H T A A I D C N P O H H P M
R B I H A N D M E I N U T E T W
Y A R P M E D I Z O W T B N D N
S T E A D F A S T D L T T W X O
P Y G S Q O M A H A L U E H J P
M U R S G R A D H A V L L Y D C
U J T A N G E S H A L O H A H Z
P R A E F E D S S R E T A W Y F
M Y L J H T A C X R A R P A E Y
```

ARROWS

BATTERING RAM

BATTLE-AX

BOW

CATAPULT

CLUB

COAT OF MAIL

DAGGER

DART

GIRDLE

GREAVE

HELMET

IRON STAFF

JAVELIN

LANCE

MACE

POISON

POLEAXE

SHIELD

SICKLE

SLING   SWORD

SPEAR   THROWSTICK

STONES   WOODEN STAFF

```
W P T R A D P R B L M M B B J S
S Q H E V A E R G A A M U C N P
T V X Y M G N L C R T N L M I N
L A H V G L Y E G M G T C H B S
W D P A H S E N O T S N L E X X
F A D Z N M I H Y V L C I E O K
T F R T H R O W S T I C K L A U
K N A R E P R I X R A P R K S X
I D H T O J B W O N M O W C H P
R J T I S W J N I G F L I I I Z
Z A S D N N S L I D O E S S E W
B O Y Z I T E R C A T A P U L T
N U U V A V D D A C A X E B D Y
D A W F A L Q M O C O E A J O I
K S F J E R W J C O C W R O Q W
J Z N X F Q J N O S W O R D O Z
```

ABDEEL (son)

ABRAHAM (father)

BLESSED

CONFLICT

DESERT

DESTITUTE

DUNAH (son)

EXPERT archer

HADAR (son)

HAGAR (mother)

"God HEARS"

ISAAC (half-brother)

JETUR (son)

KEDAR (son)

KEDEMAH (son)

MASSA (son)

MECCA

MIBSAM (son)

MIDIAN (half-

brother)

MISHMA (son)

NEBAJOTH (son)

PROPHET

PROSPEROUS

SARAH

WAYWARD

SENT away

WILD

Twelve SONS

Lived 137 YEARS

TEMA (son)

```
D H A N U D T O P Y S L X Q H D
E R Y H J O D T Q P F C D B H I
S U A D A A E X P E R T C Y A Y
S H C W E D N E B A J O T H G M
E T L E Y T A B Q H N J P O A K
L M E C C A I R S F O J C H R K
B Y A O S D W Z L N G P A S E V
H A M E D E K I A G O R F K O T
G S H D L S C I E B B S L S R K
R R S Z I T D C H A L C V L A A
J A I X W I J S G M C E P D D M
M E M N M T C J R E C J E T E I
C Y T A D U S A R A H S M D K B
W L S U A T M F A V E N K K B S
H S U O R E P S O R P H C T K A
A R H N T E I E T N E S I W Y M
```

ALMIGHTY	JEHOVAH
ARM of the Lord	The JUST One
BELOVED Son	KING of Kings
BRANCH	LAMB
CHIEF Shepherd	First and LAST
Holy CHILD	LAWGIVER
CHRIST of God	The LIFE
COUNSELOR	LIGHT of the World
CREATOR	LORD of Lords
DELIVERER	MEDIATOR
DOOR	MESSIAH
ELECT of God	NAZARENE
FORERUNNER	Jesus of NAZARETH
GOOD Shepherd	Mighty ONE
GOVERNOR	ONLY Begotten Son
HEAD of the Church	Prince of PEACE
Great HIGH Priest	PROPHET
HOLY One	REDEEMER
IMMANUEL	ROCK

ROOT of David

ROSE of Sharon

King of SAINTS

SAVIOR

SON of God

Morning STAR

TRUE Light

TRUTH

True VINE

WITNESS

WORD of God

```
D L R O N R E V O G Z L L R H Q
R E D E E M E R O I V A S F G V
O U L A M B D V R W S L E N I V
T N T I E V M O I T I I S Y H P
A A R C V A L M I G H T Y T E C
E M E G E E Y H H C W E N B A H
R M N F S L R T M A N A D E D R
C I N N T E E B E V R L L S I
K R U O R H D R R D O O G O A S
E O R U P I A A S W S Q H V R T
C C E O A N Z Z H A I S S E M O
A K R T C A N A C H I L D D J E
E P O H N J U N A O T N O O I S
P R F K L O E F I L E U T R O O
V V M W J U S T Z Y M N R S D R
K Q N U C Z M D T K R O O T G Y
```

ABADDON

The ADVERSARY

APOLLYON

ARCHFIEND

ASMODEUS

King of BABYLON

BEELZEBUB

BELIAL

Prince that Shall

  COME

Angel of DARKNESS

The DEVIL

DIABLO

DRAGON

The ENEMY

FATHER of All Lies

GOD of This World

Little HORN

LUCIFER

MAN of Sin

MEPHISTOPHELES

Son of PERDITION

POWER of Darkness

PRINCE of Tyrus

SERPENT   Prince of THIS

Ash-SHAYTAN   WORLD

The TEMPTER   King of TYRUS

THAT Old Serpent   The WICKED One

```
L  Z  H  D  F  G  R  A  F  J  Q  V  Y  M  T  D
M  F  G  C  L  N  O  I  T  I  D  R  E  P  R  S
V  E  C  N  I  R  P  D  I  G  A  P  M  F  T  Q
A  P  O  L  L  Y  O  N  I  S  H  A  Y  T  A  N
R  Q  Z  V  L  E  S  W  R  I  N  S  N  R  O  H
E  E  T  Y  R  U  S  E  S  U  O  A  R  G  T  B
W  A  H  N  P  E  V  T  U  I  B  N  A  B  S  B
O  B  R  T  E  D  O  V  E  A  H  R  Y  S  D  B
P  E  E  C  A  P  S  N  D  C  D  T  E  O  E  A
E  E  D  R  H  F  R  D  O  Y  O  N  L  L  K  R
G  L  I  E  M  F  O  E  M  L  K  M  I  B  C  Z
E  Z  L  F  V  N  I  E  S  R  Y  A  E  A  I  A
B  E  L  I  H  I  N  E  A  N  L  B  R  I  W  T
S  B  S  C  L  E  L  D  N  N  L  N  A  D  E  H
E  U  D  U  K  S  H  V  L  D  Q  S  G  B  I  A
P  B  B  L  W  U  I  Q  Z  R  E  T  P  M  E  T
```

And, BEHOLD,

I COME

QUICKLY:

AND MY

REWARD is

WITH me,

to GIVE

EVERY man

ACCORDING as

his WORK

SHALL be.

(I) am ALPHA

and OMEGA,

the BEGINNING

AND THE

END, the

FIRST and

the LAST.

BLESSED, are

THEY that

do HIS

COMMANDMENTS,

THAT they

MAY

HAVE

RIGHT to

the TREE

of LIFE,

and may ENTER

in THROUGH

the GATES

INTO the

CITY.

```
U P C I S C S H A L L K T Q G M
A C C O R D I N G D E S S E L B
T T O K Y R G A B U A K H G T D
A G E M O T N T L L O X Y A K P
H T V I M D I B S I I R J N V K
T S X V M A N C Q E F A H D J E
Q R Z Y V O N U P X T E R T F D
N I Y E H T I D F D C A R H X R
C F I E A C G U M H W E G E L D
M Z X N K L E N B E E Q L V N S
E A P L X G B M R I N T O E U Z
B S Y R E T N E O A K T L R Q U
T K C I E Y E I H C I G S Y F D
J R Q G G M H P F O I R D X S A
R O J H X E L T I V L K U Z I V
P W I T H A O D E H Q D D D J H D
```

And RUTH

SAID,

"ENTREAT

me NOT

to LEAVE

THEE, or

to RETURN

FROM

FOLLOWING

AFTER thee:

FOR

WHITHER

thou GOEST;

I WILL go;

and WHERE

thou LODGEST, I

will lodge: THY

PEOPLE

SHALL be my

people, AND

thy GOD my God."

WHEN

SHE SAW

THAT she was

STEADFASTLY she LEFT

MINDED to SPEAKING

go WITH UNTO her.

her, THEN

```
H D W J U A K P U F U N J K R S
R E H T I H W R D N A K E C Q R
I W I L L Y G H T G M E V H X T
S R W F O L L O W I N G S D T M
N U A T D T P T G E L P O E P X
Q T S O G B Y X S W E G E Q E B
W H E N E N S T C A I X N L T C
O Y H N S R B G K I F Z P E S K
R A S R T B L I L A H D V A E Q
T B L S I R N D R X F D A V O A
F F Q E I G E R B N D T H E G T
L P L M F D K A U R X T E S T N
K K L D N T A H T T I R H R S S
N C J I M O R F A W E A O E L Z
D A M A A V H S W H L R Z F E Z
J M I S O D I W W L C E G E X Q
```

JOSIAH

WAS

EIGHT

YEARS

OLD

WHEN he

BEGAN to

REIGN, AND

he REIGNED

in JERUSALEM

ONE and

THIRTY years.

And he DID

THAT

WHICH was

RIGHT in

the SIGHT

OF THE

LORD, and

WALKED in

the WAYS

of DAVID

HIS   the right HAND,

FATHER, and   NOR to

DECLINED   the LEFT.

NEITHER to

```
L S V T N N J K R I P D Y L X J
L I X A E S Y A W Y R Y I D T H
K H G H G B T E N O O T V V R A
A E W T N W Y D L R D R N H A N
B Z K G H M E D R H A I S O J D
A H V R K E E N D I Y H E B R I
V R L Y V Y F B W A S T I E D M
T I W B E A L X F H Q J G L X A
A G L A T T F X D R I G H T A T
I J R H L M A E N E W C T D E B
K S E O D K N X A C N E H T F O
T R E H T I E N N K F G G D F R
T V K J L R D D G O C X I L F I
U F G C X J O I I N B A S E E P
K M E L A S U R E J O Q F U R E
S D G L X C G C R L T A D O T B
```

BLESSED is

the MAN

that WALKETH

NOT in

the COUNSEL

of the UNGODLY,

nor STANDETH

in the WAY

of SINNERS,

nor SITTETH

in the SEAT

of the SCORNFUL.

BUT his

DELIGHT is

in THE LAW

of the LORD;

AND IN

HIS law

DOTH he

MEDITATE

DAY and

NIGHT.

And he SHALL

be LIKE

a TREE

PLANTED by

the RIVERS

of WATER,

that BRINGETH

FORTH his

FRUIT in

his SEASON;

his LEAF

ALSO shall

not WITHER;

and WHATSOEVER

he DOETH

shall PROSPER.

```
H D M A N X Y T W B R R Q G T V
U R E K I L L U A L E S N U O C
J O D F U R Y U N E P P W X N P
W L I N I A Y C F G S E A S O N
D H T E D N A T S N O B C B O A
Z E A D E S S E L B R D F S F J
S D T T N G R T F I P O L V Y A
X P E I S H Y E N D R A C Y E X
S L D U R O D G N T L I C S E X
H N G R V E E H H N W Q V J R S
A J U F L T T V I S I T T E T H
L Y A I H E N A E S T S B D R B
L E G E K Q A I W R H T E O D S
L H L L T D L H G L E H T O D Z
T A A P S J P E M H R B P U C K
W W A Y H W R U E I T U Y M B M
```

ANGELIC visitor

BETRAYED

BROKE vows

CAPTURED

CHAINED

CHAMPION

DAN TRIBE

DELILAH

FOLK HERO

GAZA

HEAD shaved

ISRAEL

JAWBONE weapon

JUDGE

LONG hair

MANOAH (father)

MANUAL laborer

MARRIED

MOCKED

PHILISTINES

PRISON

PUT on display

REPENTED

RIDDLE

ROCK OF ETAM

TWO pillars

Brook of SOREK

Nazerite VOW

STRENGTH

WRATH

TIMNAH

```
V N Q E H E A D G U S B J E Q X
M O C K E D G G B E T R A Y E D
A S W O M L W D N K R J W F B E
N I H R P A R I U O E A B Z L R
U R M B Z I T S R J N Z O O H U
A P C B D S D E D N G A N E Z T
L K A D I F H E F K T G E O H P
R H L L K K O E I O H I T U P A
O E I K L E T H H R K L M C F C
I H P O I S R A E L R C H N H W
P A F E X X O O N D E A O A A P
R R Z O N N O Z S G I P M R N H
B I W R A T H F Y N E P H M K Q
O T V M B V E D E L I L A H T B
E B I R T N A D D O J A I B E P
S Z P V Q S X P N N N J T C Q W
```

ABRAHAM	EIGHT gates
ARAM	FERTILE
ASSYRIANS	FOUNDED by Uz
BABYLONIANS	GARDENS
BEN-Hadad	GREAT plain
CAPITAL	GREEKS
CARAVANS	HAZEL
Ananias CHAPEL	JEROBOAM II
CHRISTIANITY	JEWISH
Commercial CITY	JUNCTION
CONQUERED	MARKETS
CROOKED streets	MEADOWS
DESERT	MOSQUES
DESTROYED	OASIS
EASTERN road	ORCHARDS

PERSIANS

Foreign RULERS

PHARPAR River

SAUL'S conversion

Abana RIVER

TRADE routes

Southern ROAD

WALL

ROMANS

```
Y S V C M A R K E T S T D S G D
T Y N H E D Z E Q P R E R P J J
I I M A O B O R E J K E Y A U W
N J G P M Q K R D O L L S N D M
A P R E A O S E O U Y I C E E E
I S E L D I R R R J T T A O D A
T N E S A E C C E I I R R T N S
S A K N U T Y W H O C E A R U T
I I S Q S O I O N A J F V C O E
R N N A L S G P R D R O A D F R
H O U G H L A A A T C D N Z A N
C L T R E V I R R C S F S P E S
S Y M A H A R B A D W E R B J I
X B Z S E U Q S O M E A D O W S
E A S S Y R I A N S H N L B U A
H B D L T H G I E P O R S L R O
```

THESE are

the THINGS

THAT ye

SHALL do;

SPEAK ye

EVERY

MAN the

TRUTH to

HIS neighbor;

EXECUTE the

JUDGMENT of

truth AND

PEACE in

YOUR

GATES:

And LET

NONE of

you IMAGINE

EVIL in

your HEARTS

AGAINST his

NEIGHBOR;

and LOVE   ARE things

no FALSE   that I HATE,

OATH;   SAITH the

FOR all these   LORD.

```
I R G Z G M D E K N C Q Z R X E
U T P B A B C A V N I F X G O O
M S H N T A E M L I L D R O Q F
Y N S E E P I K S W L N L H T M
L I D P S S J Z H E K A R E V A
H A M K F E V O L O R D X Q T O
W G X A L N F K L J K E E N C N
U A L Y G R K E R B C U U L Z Q
S S U C N I U T Y U M O P O M R
E G Q R N D N O T T A N E A E P
N O N I Q E V E Y R E V E T T A
O U I I M C Q T H U D U D H A Y
N E I G H B O R L T D P A C H W
S R D Y S T R A E H I T N L I T
A U L N N H I B J L L A H S D M
J O H T B X I N J J Z V S U E J
```

BEHOLD

GOD is my

SALVATION;

I WILL

TRUST,

and NOT

be AFRAID:

FOR the

LORD

JEHOVAH is

my STRENGTH

AND my

SONG; He

ALSO is

BECOME my

salvation. SING

UNTO the Lord;

for He HATH

DONE

EXCELLENT

THINGS:

KNOWN in

ALL the

EARTH.

CRY out and

SHOUT, thou

INHABITANT   ONE OF

of ZION: ISRAEL in

For GREAT   the MIDST

is the HOLY   of THEE.

```
E R I T H L S I D S N L H P V W
C H Z A G T E T Y O R S M L A L
P R T U Y D O V C R G B G Q D A
P H U E L N B Y R W A N J B N J
Z J O O M M X B C T Y T O F A R
N A H A V O H E J E H A O S L V
C E S A D U C W X E A E T C L X
B I E F Z N H E E C N R L C E W
S V Y R C O W W B O E G T O A H
O T N A T I B A H N I L K H R J
S G N I H T S A G E Y Q L I S D
N I E D Y A K T S D I M W E I Q
X W N L V V H X H S A I O T N U
J K O G O L N O I Z L T R U S T
V H D N P A I G P L S X U C R Z
Y Q K I K S T C Q F O R V S Z V
```

GOD is

FAITHFUL,

by WHOM

ye WERE

CALLED

UNTO the

FELLOWSHIP

of HIS

SON

JESUS Christ

OUR Lord.

NOW I

BESEECH you,

BRETHREN,

BY THE

NAME of

our LORD

Jesus CHRIST,

that YE ALL

SPEAK

the SAME

THING,

and THAT

THERE be

no DIVISIONS

AMONG you;

BUT that ye   the same MIND

be PERFECTLY   AND in the

JOINED   same JUDGMENT.

TOGETHER in

U	P	Z	D	C	V	J	W	P	E	M	R	I	I	O	L
K	I	I	H	A	X	I	E	M	C	N	D	Q	K	I	F
K	H	I	Z	L	F	R	A	S	E	H	T	Y	B	W	J
G	S	T	H	L	F	S	J	J	U	N	T	O	E	O	V
O	W	L	H	E	A	F	J	U	G	S	D	R	I	N	C
N	O	S	C	D	I	U	E	O	D	N	E	U	R	L	R
V	L	T	T	T	T	O	A	U	I	G	E	O	L	B	B
R	L	U	Y	J	H	D	G	S	G	N	M	A	R	P	L
Y	E	T	L	K	F	I	O	N	H	C	E	E	S	E	B
B	F	H	H	K	U	C	K	G	I	Y	T	D	N	L	W
U	Y	E	T	A	L	K	K	B	F	H	R	R	N	T	H
T	H	E	R	E	T	G	U	R	R	O	T	J	S	I	O
N	Q	G	N	P	G	N	H	E	L	S	Y	I	U	X	M
D	I	V	I	S	I	O	N	S	F	W	R	Y	V	I	Z
O	Q	K	W	Y	I	M	T	A	F	H	Q	I	S	Y	C
O	S	C	J	E	M	A	N	D	C	R	V	U	M	R	T

"FOR THE

LORD

THY GOD

BRINGETH

THEE

INTO

a GOOD land,

a LAND

of BROOKS,

of WATER,

of FOUNTAINS,

and DEPTHS

THAT

SPRING out

of VALLEYS

and HILLS;

a land of WHEAT,

and BARLEY,

and VINES,

and FIG TREES,

and POME-

GRANATES

a land of OIL OLIVE,

and HONEY;

a land WHEREIN

THOU SHALT

eat BREAD

WITHOUT

SCARCENESS, thou shalt NOT LACK ANY THING IN IT; a land WHOSE

STONES are IRON, and... thou MAYEST dig BRASS."

```
K F O R T H E D P S Z N P E H W
D P D W F U W C O L E R H S L A
D K O P B I O W R O A N I R O N
W C G M S B G H T E G N I R B Y
B A N Z E O R T T D T W D V M T
A L I X S G J O R I H A P D L H
R T R V N G R O O E W H W A F I
L O P J I T L A R K E S H X F N
E N S C A R C E N E S S A Z M G
Y V H Q T X I S S A U Q T A K U
Q T I C N N E O R O T H Y E F E
J A L L U N H B H S Y E L L A V
T E L O O W E T C G S H S E Y T
A H S T F L U G O T D A E R B I
H W S N E C I D E P T H S X X B
T I N I Y E N O H S T M B D Y L
```

The BEGINNING

OF THE

GOSPEL of

JESUS

CHRIST,

the SON

of GOD; as

it is WRITTEN

in the PROPHETS,

BEHOLD,

I SEND my

MESSENGER

BEFORE thy

FACE,

WHICH

SHALL

PREPARE thy

WAY before

THEE,

the VOICE

of ONE

CRYING in

the WILDERNESS,

HIS

Prepare YE THE

PATHS

way of the LORD,

STRAIGHT.

MAKE

```
C U Q M V M L R S W H I C H S X
X D G N I Y R C I E S J X Y M C
G E L G G J B L R S R O G E O Z
D Z N O Y E D O O F E A N T D K
R L D V H E F Q W S H N P H X U
O T B T R E S J B Z H M D E S O
L M F N B E B A Z F B T A N R C
E O E T V M E S S F D Q A O X P
P S J S W N C U E M A K E P T H
S T T I S G S O W D T C R H E C
O R Y R H E D N A M A O E Q C N
G A I H J P N U S E P E D G I M
W I V C L O V G W H I S I N O L
V G N I N N I G E B D A I H V U
N H X L S Q H T W R I T T E N Q
L T L L A H S U T N F P O Z R W
```

And EVERY

FOOLISH

ONE that

man, WHICH

HEARETH

BUILT

THESE

HIS house

SAYINGS

UPON THE

of MINE,

SAND:

and DOETH

AND THE

THEM

RAIN

NOT,

DESCENDED, and

SHALL be

the FLOODS

LIKENED

CAME, and

UNTO a

the WINDS

BLEW,   it FELL:

and BEAT   and GREAT

UPON THAT   WAS THE

HOUSE; and   FALL of it.

```
D C E D N A S C W S N O L Q B I
Q Y S G N I Y A S I F E L L E A
T Y U L L Z S H A L L W U M A E
B A O E L T W R H X N N A N T F
N P H I H S I L O O F C H O T L
F A E E U T Z A C L W I C A O O
P E N B L N N X T E S D O A N O
O J W D V I U O U L W L A N M D
K X S I T U M X P I H S Z S E S
Z X H H N H K I O U I H Z N H H
I P E V I D E D N E C S E D T T
Y S V U J N S U T E H K O P L E
E R L H Y E T J H R I E Z I G R
D W E L B Z U E A L T V U Q P A
M T V V N L Z X T H C B P A I E
M X T A E R G E Z M B K S G C H
```

ANGEL

ANNA (mother)

ANNUNCIATION

BETHLEHEM

BLESSED

EGYPT

ELIZABETH

"FAITHFUL Virgin"

"FULL of Grace"

GABRIEL

"GENTLE Lady"

"GRACIOUS Lady"

HEAVEN

"HOLY Mary"

HONORED

IMMACULATE

Conception

JESUS (son)

JOACHIM (father)

JOSEPH (husband)

"JOY of Israel"

"Our LADY"

"Handmaid of the

LORD"

"The MADONNA"

MANGER

"MOTHER of

Christ"

NAZARETH

SHRINES

OBEDIENCE

VENERATED

PLEAS

VISITATION

PRAYERS

VOW

"QUEEN of Peace"

```
J L G Z C C H P M V O N I X T G
Q E U A I F O P F B O F S J E H
C R S F B M B Q E I Y U R N S T
Q E O U H R M D T S O L T Y M E
Y H V D S T I A N I O L O U I R
W T R A H E I E C V E J U H H A
G O Z V N C V A L U X Z X X C Z
L M V C N A R I F U L E G N A A
P H E U E G V I S I T A T I O N
L O N H T E B A Z I L E T B J N
E N E R E G N A M Y D A L E M A
A O R G S L W R Q Q B E M A H D
S R A H Y T H U V P S V Q Z E K
Z E T T M P E T X S E N I R H S
P D E Y X E T P E S R E Y A R P
M A D O N N A D U B T Z O U H U
```

46 Kings of Joshua's Country

The KINGS of

JERICHO,

JERUSALEM,

HEBRON,

JARMUTH,

LACHISH,

EGLON,

GEZER,

DEBIR,

GEDER,

HORMAH,

ARAD,

LIBNAH,

ADULLAM,

MAKKEDAH,

BETHEL,

TAPPUAH,

HEPHER,

APHEK,

LASHARON,

MADON,

HAZOR,

SHIMRON-MERON,

ACHSHAPH,

TAANACH,

GILGAL,

MEGIDDO,

TIRZAH,

KEDESH,

AND DOR.

JOKNEAM,

```
J A R M U T H U H L A G L I G N
I T R N A A A R S A M R O Z A H
D I E I U G E D E R N A D I L N
R R H P B X R G U H K B D T W U
M Z P H K E L I A L O C I O H D
F A E S Z O D M F A L W G L N H
T H H E N O R B E H M A E K U B
A K G D N O W I P J X C M H E R
R M N E H N R I L E W K P T S L
A M A K K E D A H R X A H A N K
D N S E K K C H H U H E V A V E
G O D I N H U Q X S L N P N T H
N C N D I K L K H A A C D A K P
S G A S O W O C Z L A L H C X A
S O H H Q R A J J E R I C H O P
Q N O R E M N O R M I H S C E E
```

The LORD

HATH

BROKEN the

STAFF of the

WICKED, and

the SCEPTRE

of the RULERS.

The WHOLE

EARTH is

at REST,

AND is

QUIET:

THEY

BREAK

FORTH

INTO

SINGING.

YEA, the

FIR

TREES

REJOICE

at THEE, and

the CEDARS

of LEBANON,

SAYING,

DOWN, no

SINCE

FELLER is

THOU art

COME up

LAID

AGAINST us.

```
M G O T B D D F F A T S T L R P
J T H E E O U A T S R U I H N J
H G Q K W H W W I E C I O J E R
Z X C N H I V N L K I E G A E Y
W I C G S T C U T M G U P R C D
W N M D F E R X L S Q O Q T B U
P K E N X I G O T O W E Z S R E
C U F W W B R G F T D K I N O E
F K O C R D V L N N G N I I K H
V S F H K O W Y A I G O T A E P
F E C A T L A V M I Y N B G N V
Q E E O S U G R N H T A H A H T
I R L J E L H G O M Z B S L T N
B T Q L R G Y B Z M C E D A R S
U C O M E A S U W H O L E I A L
H I V Y L R O L J M N K I D E H
```

SING

UNTO the

LORD, O

ye SAINTS of

his AND

GIVE

THANKS

AT THE

REMEMBRANCE

OF HIS

HOLINESS.

FOR HIS

ANGER

ENDURETH

BUT A

MOMENT; in

His FAVOR

is LIFE:

WEEPING

MAY

ENDURE FOR

a NIGHT,

but JOY

COMETH in

the MORNING. And

in my PROSPERITY

I SAID,

I SHALL

NEVER be

MOVED.

```
M O E N W G X U J D I A S I U I
S H C I D F H M O M E N T A A L
Z D N K H R U E H L N J G T R I
Y P A I O T N N L W D T U N H F
Q N R Y G D L Z L W U B E G I E
X R B O U H N K A M R V C F E S
F U M R S I T P H Q E R A D I H
O N E O J P S T S R F V Z E Y Z
R T M N S S E N I L O H R C R Y
H D E P I M K R G R R N P W V E
I E R H O J Z N I N E C Q X R R
S B F C O N I L A T I W J F E Q
S O X Y D N V G O H Y P A X G Z
M D C M R G S A I N T S E F N L
U N T O O U I D E V O M X E A X
Y A M F L Y R Z B S E A K W W J
```

It CAME

EVEN to

PASS as

the TRUMPETERS

and SINGERS

WERE as

ONE, to

MAKE one

SOUND to

be HEARD

in PRAISING

and THANKING

the LORD;

and WHEN

THEY

LIFTED

up THEIR

VOICES

WITH the

trumpets AND

CYMBALS and

INSTRUMENTS

of MUSIC,

and PRAISED the

Lord, SAYING,

"FOR HE IS

GOOD; for

HIS mercy

ENDURETH

FILLED

FOR EVER";

with a CLOUD,

THAT then the

even the HOUSE

house WAS

OF THE Lord.

```
Z D O C J Y S W U B U F S G N A
E N O M E L T O F T H E I O K G
P U T H A T N C R L Q H E R L X
W O T B U S E U E S U O H O W J
X S M E K A M R O R T A R Z E E
X Y S U D P U P E I G D O Q R D
C H N R E Q R E V E R O F J E R
D T A T E A T D O V J J O T E O
O E E Q I G S H U B O F F D U N
H R M S W L N G A O F I L L E D
S U E A S W I I Z N L F C H Q O
A D L Y C A M J S T K C T E G A
L N B I V S P U C H H I H R S T
E E D N E V E O S E W I N L W S
R H N G X G P R A I S I N G H A
J W F X Y M L M T R C V J H U N
```

Let NOT

MERCY and

TRUTH

FORSAKE

thee: BIND

THEM

ABOUT thy

NECK;

WRITE them

UPON the

TABLE of

THINE heart:

So SHALT

THOU find

FAVOR and

GOOD

UNDERSTANDING

in

the SIGHT

of GOD

and MAN.

TRUST in

the LORD

WITH all

thine HEART;

and LEAN

not UNTO

thine OWN

understanding. In

ALL

thy WAYS

ACKNOWLEDGE

HIM,

AND HE

shall DIRECT

THY

PATHS.

```
W D T D Z O Q I W I T H U B N I
R E B N M T D R X K R N T W R P
P H N Q H J I S H Q D R D H P K
G D H E I T R A X E K A S R O F
Q N M T E V E Y R W A H N Y O U
H A B O U T C S T Q T R O C Q L
P P C A T R T C A A T E T F L C
E Z S K E A T S P N F H S A P K
N A M M N N R M A V R T Y W Y Z
I T N D O O G E S E L B A T C T
H J I D I P W X J A O I W R D V
T N E C K U G L H B Q N P O I A
G S W U N W E S E B V D G V P H
W J U O N A H O G D N Z F A L A
O K G R N T Q M I H G X L F L L
S I G H T P O D B Q G E S D I P
```

OPEN ye

the GATES,

THAT the

RIGHTEOUS

NATION

WHICH

KEEPETH

the TRUTH

MAY

ENTER in.

THOU

WILT keep

HIM in

PERFECT

PEACE,

WHOSE

MIND is

STAYED

on THEE:

BECAUSE He

TRUSTETH in

thee. TRUST YE

IN THE Lord   JEHOVAH is

FOR EVER: For   EVERLASTING

in the LORD   STRENGTH.

```
V G E K R B I D T R T P L K G N
W N K G T R P H E R U X O I H Q
B I N T H E T T A Y U E R P T O
A T L I W E N H I O A S D F E U
D S S F T E K H I I P T T I P N
Y A U S T R E N G T H E S Y E B
F L U O F J G I Z U T Y A S E T
H R L N E X J W O H D Y G C K S
T E N O I T A N E R P Q A V E O
B V H A V O H E J E E U T M F M
T E E W W C S G R V S B E B B L
P T T M I N D F I E O H S Z F F
D H R H A Y E Z I R H D Q Z T K
X A W U O C A G T O W B M H Y L
S T J A T Q M H Q F P H O F N L
Q W P M I H H H X W I Z U J Z Y X
```

Answers

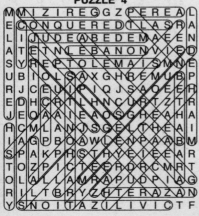

PUZZLE 6

PUZZLE 7

PUZZLE 8

PUZZLE 9

PUZZLE 10

PUZZLE 11

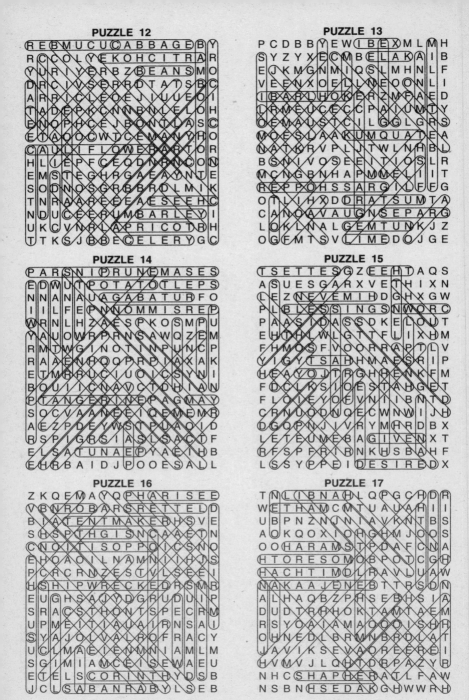

PUZZLE 18

PUZZLE 19

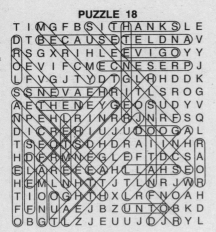

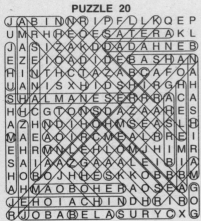

PUZZLE 20

PUZZLE 21

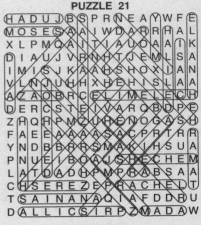

PUZZLE 22

PUZZLE 23

PUZZLE 24

PUZZLE 25

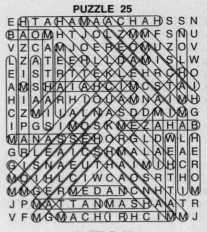

PUZZLE 26

PUZZLE 27

PUZZLE 28

PUZZLE 29

PUZZLE 30

```
D H A N U D T O P Y S L X Q H D
E R Y H J O D T Q P F C D B H I
S U A D A A E X P E R T C Y A Y
S H C W E D N E B A J O X T H G M
E T L E Y T A B Q H N J P O A K
L M E C C A I R S F O J C H R K
B Y A O S D W Z L N G P A S E V
H A M E D E K I A G O R F K O T
G S H D L S C I E B B S L S R K
R R S Z I T D C H A L C V L A A
J A I X W I J S G M C E P D D M
M E M N M T C J R E C J E X E I
C Y T A D U S A R A H S M D K B
W L S U A T M F A V E N K K B S
H S U O R E P S O R P H C T K A
A R H N T E I E T N E S I W Y M
```

PUZZLE 31

```
D L R O N R E V O G Z L L R H Q
R E D E E M E R O I V A S F G V
O U L A M B D V R W S L E N I V
T N T I E V M O I X I S Y H P
A A R C V A L M I G H T Y T E C
E M E G E E Y H C W E N B A H
R M N F S L R T M A N A D E D R
C I N N N E E B E V R L L S I
K R U O R H D R B O O G O A S
E O R U P I A A S W S Q H V R T
C C E O A N Z Z H A I S S E M O
A K R T C A N A C H I L O D J E
E P O H N J U N A O T N O O I S
P R E F K L O E F I L E U T R O O
V V M W J U S T Z Y M N R S D R
K Q N U C Z M D T K R O O T G Y
```

PUZZLE 32

```
L Z H D F G R A F J Q V Y M T D
M F G C L N O I T I D R E P R S
V E C N I R P D I G A P M F T Q
A P O L L Y O N I S H A Y T A N
R Q Z V L E S W R N R O H
E E T Y R U S E S U O A R G T B
W A H N P E V T U I B N A B S B
O B R T E D O V E A H R Y S D B
P E E C A P S N D C O T E O E A
E E D R H E R D O Y O N L L K R
G L I E M F O E M L K M I B C Z
E Z L F V N I E S R Y A E A I A
B E L I H I N E A N L B R I W T
S B S C L E L O N N L N A D E H
E U D U K S H V L D Q S G B I A
P B B L W U I Q Z R E T P M E T
```

PUZZLE 33

```
U P C I S C S H A L L K T Q G M
A C C O R D I N G D E S S E L B
T T O K Y R G A B U A K H G T D
A G E M O T N T L L O X Y A K P
H T V I M D I B S I I R J N V K
T S X V M A N C O E F A H D J E
Q R Z Y V O N U P X T E R T F D
N I Y E H T I D F D C A R H X R
C F I E A C G U M H W E G E L D
M Z X N K L E N B E E Q L V N S
E A P L X G B M R I N T O E U Z
B S Y R E T N E O A K T L R Q U
T K C I E Y E I X C I G S Y F D
J R Q G G M H P F O I R D X S A
R O J H X E L T I V L K U Z I V
P W I T H A O D E H Q O D D J H D
```

PUZZLE 34

```
H D W J U A K P U F U N J K R S
R E H T I H W R D N A K E C Q R
I W I L L Y G H T G M E V H X T
S R W F O L L O W I N G S D I M
N U A T D T P T G E L P O E P X
Q T S O G B Y X S W E G E Q E B
W H E N E N S T C A I X N L T C
O Y H N S R B G K I F Z P E S K
R A S R T B L I L A H D V A E Q
T B L S U R N D R X F D A V O A
F F Q E I G E R B N D T H E G T
L P L M F D K A U R X T E S T N
K K L D N T A H T I R H S S
N C J I M O R F A W E A O E L Z
D A M A A V H S W H L B Z F E Z
J M I S O D I W W L C E G E X Q
```

PUZZLE 35

```
L S V T N N J K R I P D Y L X J
L I X A E S Y A W Y R M I D T H
K H G H G B T E N O O T V V R A
A E W T N W Y D L R D R N H A N
B Z K G H M E D R H A I S O J D
A H V R K E E N D I Y H E B B I
V R L Y V Y F B W A S T I E D M
T I W B E A L X F H Q J G L X A
A G L A T T F X D R I G H T A T
I J R H L M A E N E W C T D E B
K S E O D K N X A C N E H T F O
T R E H T X I E N N K F G G D F R
T V K J L R D D G O C X I L F I
U F G C X J O I I N B A S E E P
K M E X L A S U R E J O Q F U R E
S O G L X C G C R L T A D O T B
```

PUZZLE 36

```
H D M A N X Y T W B R R Q G T V
U R E K I L L U A L E S N U O C
J O D F U R Y U N E P P W X N P
W L I N I A Y C F G S E A S O N
D H T E D N A T S N O B C B O A
Z E A O E S S E L B R O F S F J
S D T N G R T F I P O L V Y A
X P E I S H Y E N D R A C Y E X
S L D U R O O G N T L I C S E X
H N G R V E E H H N W Q V J R S
A J U F L T I V I S I T T E T H
L Y A I H E N A E S T S B D R B
U E G E K Q A I W R H T E O D S
L H L L T D L H G L E H T O D Z
T A A P S J P E M H R B B P U C K
W W A Y H W R U E I T U Y M B M
```

PUZZLE 37

```
V N Q E H E A D G U S B J E Q X
M O C K E D G G B E T R A Y E D
A S W O M L W D N K R J W F B E
N I H R P A R I X O E A B Z I R
U R M B Z I T S R J N Z O O H U
A P C B D S O E D N G A N E Z T
L K A D I F H E F K T G E O H P
R H L L R K O E I O H I T U P A
O E I K L E T H A R K L M C F C
I H P O I S R A E L R C H N H W
P A F E X X O O N D E A O A A P
R R Z O N N O Z S G I P M R N H
B I W R A T H F Y N E P H M K Q
O T V M B V E D E L I L A H T B
E B I R T N A D D O J A I B E P
S Z P V Q S X P N N N J T C Q W
```

PUZZLE 38

```
Y S V C M A R K E T S T D S G D
T Y N H E D Z E Q P R E R P J J
I I M A O B O R E J K E Y A U W
N J G P M Q K R D O L L S N D M
A P R E A O S E O U Y I C E E E
I S E L O R R B J T A O D A
T N E S A E C C E I I R R T N S
S A K N U T Y W H O C E A R U T
I I S O S O I O N A J F V C O E
R N N A L S G P R D R O A D E R
H O U G H L D A A A T C D N Z A N
C L T R E V I R B R O S F S P E S
S Y M A H A R B A D W E R B J I
X B Z S E U Q S O M E A D O W S
E A S S Y R I A N S H N L B U A
H B D L T H G I E P O R S L R O
```

PUZZLE 39

```
I R G Z G M D E K N C Q Z R X E
U T P B A B C A V N I F X G O O
M S H N T A E M L I L D R O Q F
Y N S E E P I K S W L N L H T M
L I O P S S J Z H E K A R E V A
H A M K F E V O L O R D X Q D O
W G X A L H F K L J K E E N C N
U A L Y G R K E R B C U U L Z Q
S S U C N I U T Y U M O P O M R
E G Q R N D N O T T A N E A E P
N O N I Q E V E Y R E V E T T A
O U I I M C Q T H U D U D H A Y
N E I G H B O R L T D P A C H W
S R D Y S T R A E H I T N L U T
A U L N N H I B J L L A H S D M
J O H T B X I N J J J Z V S U E J
```

PUZZLE 40

```
E R I T H L S I D S N L H P V W
C H Z A G T E T Y O R S M L A L
P R T U Y D O V C R G B G Q D A
P H U E L N B Y R W A N J B N J
Z J O O M M X B C T Y T O F A R
N A H A V O H E J E H A O S L V
C E S A D U C W X E A E T C L X
B I E F Z N H E E C N R L C E W
S V Y R C O W W B O E G T O A H
O T N A T I B A H N I L K H R J
S G N I H T S A G E Y Q L I S D
N I E D Y A K T S D I M W E U Q
X W N L V V H X H S A I O T N U
J K O G O L N O I Z L T R U S T
V H O N P A I G P L S X U C R Z
Y Q K I K S T C Q F O R V S Z V
```

PUZZLE 41

```
U P Z D C V J W P E M R I I O L
K I I H A X I E M C N D Q K I F
K H I Z L F R A S E H T Y B W J
G S T H L F S J J U N T O E O V
O W L H E A F J U G S D R I N C
N O S C D I U E O D N E U R D R
V L T T T O A U I G E O L B B
R L U Y J H D G S G N M A R P L
Y E T L K F I O N H C E E S E B
B F H H K U C K G I Y T O N L W
U Y E T A L K K B F X H R R N T H
T H E R E T G U R R O T J S I O
N Q G N P G N H E L S Y I U X M
D I V I S I O N S F W R Y V I Z
O Q K W Y I M T A F H Q I S Y C
O S C J E M A N D C R V U M R T
```

PUZZLE 42

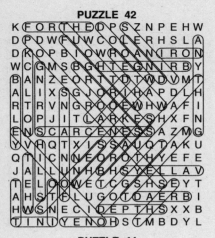

```
K F O R T H E O P S Z N P E H W
D P D W F U W C O L E R H S L A
D K O P B I O W R O A N I R O N
W C G M S B G H T E G N I R B Y
B A N Z E O R T T O T W D V M T
A L I X S G J O R I H A P D L H
R T R V N G R O O E W H W A F I
L O P J I T L A R K E S H X F N
E N S C A R C E N E S S A Z M G
Y V H Q T X I S S A U Q T A K U
Q T I C N N E O R O T H Y E F E
J A L L U N H B H S Y E L L A V
T E L O O W E T C G S H S E Y T
A H S T E L U G O T O A E R B I
H W S N E C I D E P T H S X X B
T I N I Y E N O H S T M B D Y L
```

PUZZLE 43

```
C U Q M V M L R S W H I C H S X
X O G N I Y R C I E S J X Y M C
G E L G G J B L A S R O G E O Z
D Z N O Y E D O O F E A N T D K
R L D V H E F Q W S H N P H X U
O T B T R E S J B Z H M D E S O
L M F N B E B A Z F B T A N R C
E C E T V M E S S F D Q A O X P
P S J S W N C U E M A K E P T H
S T T I S G S O W D T C R H E C
O R Y R H E D N A M A O E Q C N
G A I H J P N U S E P E D G I M
W I V C L O V G W H I S I N O L
V G N I N N I G E B D A I H V U
N H X L S Q H T W R I T T E N Q
L T L L A H S U T N F P O Z R W
```

PUZZLE 44

```
D C E D N A S C W S N O L Q B I
Q Y S G N I Y A S I F E L L E A
T Y U L L Z S H A L L W U M A E
B A O E L T W R H X N N A N T E
N P H I H S I L O O P C H O T L
F A E E U T Z A C L W I C A O O
P E N B L N N X T E S D O A N O
O J W D V I U O U L W L A N M D
K X S I T U M X P I H S Z S E S
Z X H H N H K I O U I H Z N H H
I P E V I D E D N E C S E D T T
Y S V U J N S U T E H K O P L E
E R L H Y E T J H R I E Z I G R
D W E L B Z U E A L T V U Q P A
M T V V N L Z X T H C B P A I E
M X T A E R G E Z M B K S G C H
```

PUZZLE 45

```
J L G Z C C H P M V O N I X T G
Q E U A I F O P F B O F S J E H
C R S F B M B Q E I Y U R N S T
Q E O U H R M D T S O L T Y M E
Y H V D S T I A N I O L O U I R
W T R A H E I E C V E J U H H A
G O Z V N C V A L U X Z X X C Z
L M V C N A R I F U L E G N A A
P H E U E G V I S I T A T I O N
L O N H T E B A Z I L E T B J N
E N E R E G N A M Y D A L E M A
A O R G S L W R Q Q B E M A H D
S R A H Y T H U V P S V Q Z E K
Z E T T M P E T X S E N I R H S
P D E Y X E T P E S R E Y A R P
M A D O N N A D U B T Z O U H U
```

PUZZLE 46

```
J A R M U T H U H L A G L I G N
I T R N A A A R S A M R O Z A H
D I E I U G E D E R N A D I L N
R R H P B X R G U K B D T W U
M Z P H K E L I A L O C I O H D
F A E S Z O D M F A L W G L N H
T H H E N O R B E H M A E K U B
A K G D N O W I P J X C M B E R
R N E H N R I L E W K P T S L
A M A K K E D A H R X A H A N K
D N S E K K C H H U H E V A V E
G O D X N H U Q X S L N P N T H
N C N D K L K H A A C D A K P
S G A S O W O C Z L A L H C X A
S O H H Q R A J J E R I C H O P
Q N O R E M N O R W I H S C E E
```

PUZZLE 47

```
M G O T B D D F F A T S T L R P
J T H E E O U A T S R U I H N J
H G O K W H W W I E C I O J E R
Z X C N H I V N L K I E G A E Y
W I C G S T C U T M G U P R C D
W N M D F E R X L S Q O O T B U
P K E N X I G O T O W E Z S R E
C U F W W B R G F T D K I N O E
F K O C R D V L N N G N I I K H
V S F H X O W Y A I G O T A E P
F E C A T L A V M I Y N B G N V
Q E X E O S U G R N H T A H A T
I R L J E L H G O M Z B S L T N
B T Q L B G Y B Z M C E D A R S
U C O M E A S U W H O L E I A L
H I V Y L B O L J M N K I D E H
```

PUZZLE 48

```
M O E N W G X U J D I A S U I
S H C I D F H M O M E N T A A L
Z D N K H R U E H L N J G T R I
Y P A I O T N N L W D T U N H F
Q N R Y G D L Z L W U B E G I E
X R B O U H N K A M R V C F E S
F U M R S I T P R O E R A D I H
O N E O J P S T S R F V Z E Y Z
R T M N S S E N U L O H R C R Y
H D E P I M K R G R R N P W V E
I E R H O J Z N I N E C Q X R R
S B F C O N I L A T I W J F E Q
S O X Y D N V G O H Y P A X G Z
M D C M R G S A I N T S E F N L
U N T O O U I D E V O M X E A X
Y A M F L Y R Z B S E A K W W J
```

PUZZLE 49

```
Z D O C J Y S W U B U F S G N A
E N O M E L T O F T H E I O K G
P U T H A T N C R L Q H E R L X
W O T B U S E U E S U O H O M J
X S M E K A M R O R T A R Z E E
X Y S U D P U P E I G O O Q R D
C H N R E O R E V E R O F J E R
D T A T E A T O O V J J O T E O
O E E Q I G S H U B O F F O U N
H R M S W L N G A O F I L L E D
S U E A S M U I Z N L F C H Q O
A D L Y C A M J S T K C T E G A
L N B I V S P U C H H J R S T
E E D N E V E O S E W I N L W S
R H N G X G P R A I S I N G H A
J W F X Y M L M T B C V J H U N
```

PUZZLE 50

```
W D T D Z O Q I W I T H U B N I
R E B N M T D R X K R N T W R P
P H N Q H J I S H O D R O H P K
G D R E I T R A X E K A S R O F
Q N M T E V E Y R W A H N Y O U
H A B O U T C S T Q T R O C O L
P P C A T R I C A A T E T F L C
E Z S K E A T S P N F H S A P K
N A M U N N R M A V R T Y W Y Z
I T N D O O G E S E L B A T C T
H J I D I P W X J A O I W R D V
T N E C K U G L H B Q N P O I A
G S W I N W E S E B V D G V P H
W J U O N A H O G D N Z F A L A
O K G R N T Q M I H G X L F L L
S I G H T P O D B Q G E S D I P
```

PUZZLE 51

```
V G E K R B I D T R T P L K G N
W N K G T R P H E R U X O I A Q
B I N T H E T T A Y U E R P T O
A T L I W E N H I O A S D F E U
D S S F T E K H I I P T T I P N
Y A U S T R E N G T H E S Y E B
F L U O F J G I Z U T Y A S E T
H R L N E X J W O H D Y G C K S
T E N O I T A N E R P O A V E O
B V H A V O H E J E E U M F M
T E E W W C S G R V S B E B B L
P T T M I N D F I E O H S Z F F
D H R H A Y E Z I R H D Q Z T K
X A W U O C A G T O W B M H Y L
S T J A T Q M H Q F P H O F N L
Q W P M I N H X W I Z U J Z Y X
```